GOUVERNEMENT GÉNÉRAL DE L'ALGÉRIE

SERVICE DE LA PROPRIÉTÉ INDIGÈNE

INSTRUCTION

Modifiant l'instruction du 7 mars 1898 sur les enquêtes partielles à effectuer en exécution de la loi du 16 février 1897 sur la propriété foncière en Algérie.

17 MAI 1902

ALGER

IMPRIMERIE ADMINISTRATIVE GOJOSSO

5, RUE BRUCE, 5

INSTRUCTION

*Modifiant l'instruction du 7 mars 1898 sur les enquêtes
partielles à effectuer en exécution de la loi du 16
février 1897 sur la propriété foncière en Algérie.*

L'instruction du 7 mars 1898, sur les enquêtes partielles à
effectuer en exécution de la loi du 16 février 1897 sur la
propriété foncière en Algérie, avait posé en principe (page 22)
que dans les territoires de propriété collective des enquêtes
ne pouvaient être ouvertes à la requête d'acquéreurs. Cette
règle était basée sur les dispositions de l'article 13 de la loi ;
il avait paru que du moment où, d'après cet article, les indigènes possesseurs de terres arch ou sabega n'en deviennent
propriétaires à titre privé que par l'effet de l'homologation de
plan qui suit les enquêtes partielles, il ne pouvait pas y avoir,
pour les biens de cette nature, d'acquisitions valables avant
l'enquête et, partant, pas d'acquéreurs aptes à requérir
eux-mêmes l'ouverture de ces procédures.

D'un autre côté, l'Administration avait pensé que, dans
l'esprit de la loi du 16 février 1897, la procédure d'enquête
partielle devait être essentiellement individuelle ; elle en avait
conclu qu'il n'était pas possible, pas plus en territoire de
propriété privée qu'en territoire de propriété collective,
d'admettre la réunion, dans une même enquête, d'immeubles
appartenant divisément à des personnes différentes.

A la suite des controverses qui se sont élevées sur ces deux
points, les délégations financières ont, dans la session de juin
1901, émis le vœu que le Conseil d'État fût appelé à interpréter la loi du 16 février 1897. Déférant à ce vœu,
l'Administration a soumis les questions contestées à l'examen
du Conseil d'État qui, dans sa séance du 13 mars 1902, a
adopté l'avis dont le texte est ci-annexé (annexe n° 1).

Cet avis peut se résumer par deux de ses considérants,
qui répondent nettement à chacune des questions posées.

Sur le premier point, le Conseil d'État a délibéré « que rien
« ne s'oppose à ce que les personnes qui ont traité avec des
« indigènes pour l'achat d'immeubles situés dans des terri-
« toires de propriété collective prennent l'initiative des pro-

« cédures d'enquêtes partielles organisées par la loi du 16
« février 1897, mais que les effets utiles de leur acquisition et
« la consolidation de la propriété entre leurs mains, au moyen
« d'un titre définitif, sont subordonnés à la sanction de l'au-
« torité administrative, dans les conditions spécifiées à l'arti-
« cle 13 de la dite loi. »

Sur le second point, le Conseil d'État a reconnu « que rien,
« dans la loi, ne paraît s'opposer à ce que lorsqu'il s'agit d'en-
« quêtes portant sur la vente de plusieurs immeubles consentie
« à divers acquéreurs par des indigènes appartenant à une
« même tribu, il soit procédé, sauf en cas d'impossibilité
« matérielle, à la même date et par un même agent, aux
« opérations prescrites par les articles 5 et suivants ; que
« l'article 1er de la loi, en parlant de l'acquisition de plusieurs
« parcelles, soit par l'État, soit par les particuliers, semble
« avoir prévu ou, tout au moins, n'a pas exclu l'hypothèse
« d'acquisitions multiples soumises à une seule procédure
« d'enquête. »

Cette interprétation infirme plusieurs des dispositions de
de l'instruction du 7 mars 1898. Elle comporte notamment,
une modification des règles tracées par ce document pour ce
qui concerne l'ouverture et l'accomplissement des enquêtes
partielles qui pourront être requises dans les deux cas envi-
sagés par le Conseil d'État. C'est ce dernier sujet qui est
traité dans la présente instruction, le Gouvernement Général
se réservant d'examiner ultérieurement, d'après les premiers
dossiers qui se présenteront, comment devra s'effectuer la
délivrance des titres à la suite de ces enquêtes.

I

En émettant l'avis que des enquêtes partielles peuvent être
ouvertes, en territoire arch ou sabega, à la requête d'acquéreurs, le Conseil d'État n'a pas voulu dire que la loi du 16
février 1897 a porté atteinte au principe de l'inaliénabilité de
la propriété collective ; il a, au contraire, affirmé le maintien
de ce principe, en spécifiant que les acquéreurs ainsi autorisés
à requérir des enquêtes ne sont que des acquéreurs présomp-
tifs ou sous condition suspensive, dont l'acquisition ne doit
sortir à effet qu'après l'accomplissement des formalités qui,

suivant l'article 13 de la loi, ont pour conséquence de transformer la propriété collective en propriété individuelle.

Ce point se trouve mis en lumière dans les instructions que le Parquet Général vient de faire adresser aux notaires et aux greffiers notaires pour leur indiquer les conditions dans lesquelles leur ministère devra désormais s'exercer en matière de contrats portant sur des immeubles de propriété collective. Aux termes de ces instructions (annexe n° 2) qui modifient celles du 23 mai 1898, les notaires et greffiers notaires peuvent recevoir des promesses de vente de terrains arch ou sabega ; mais ils sont tenus, sous leur responsabilité professionnelle, d'avertir les parties que ces transactions ne pourront produire un effet utile qu'après que les droits des vendeurs auront été reconnus à la suite d'une enquête partielle et ils doivent refuser leur concours pour la passation d'actes qui contiendraient des dispositions contraires : telles seraient, en particulier, celles qui stipuleraient la mise en possession des acquéreurs avant l'homologation.

Cette dernière restriction se justifie par l'objet même de la procédure d'enquête partielle en territoire collectif. Cette procédure devant aboutir, d'après l'article 13 de la loi, à la constatation officielle des droits que crée aux indigènes possesseurs du sol une jouissance effective et permanente, il est manifeste que les éléments nécessaires à son exécution manqueraient en fait si l'état traditionnel de la possession se trouvait transformé par l'installation plus ou moins ancienne d'un acquéreur.

Il suit de là que la personne qui voudra requérir, à titre d'acquéreur, l'ouverture d'une enquête partielle pour des terrains arch ou sabega, devra forcément indiquer, dans sa requête, les noms de ces vendeurs, puisque c'est la possession de ces derniers que l'enquête aura pour but de contrôler. On remarquera, d'ailleurs, qu'au seul point de vue de la désignation des immeubles, ce renseignement serait déjà nécessaire car c'est surtout par les noms des occupants que s'établit, en territoire collectif, l'identité des parcelles.

Mais, du moment où la requête satisfera à cette obligation, elle devra — si elle remplit par ailleurs les conditions légales — être tenue pour valable, sans qu'il y ait lieu, à ce moment, d'exiger du requérant la justification de sa qualité d'acquéreur.

Il ne semble pas, en effet, qu'en présence des dispositions de l'article 5 de la loi, l'Administration soit autorisée à décider qu'un acte de vente ou de promesse de vente devra être joint à la requête.

L'arrêté ordonnant l'ouverture de l'enquête devra reproduire textuellement les énonciations de la requête, non seulement, comme le porte le modèle annexé à l'instruction du 7 mars 1898, dans la partie relative à la désignation des immeubles, mais aussi quant à l'indication des noms des vendeurs.

Le commissaire-enquêteur chargé de procéder à une enquête de cette nature aura à s'inspirer de cette idée que sa mission, en pareil cas, à un double objectif, savoir : 1° constater l'état réel de la possession et, discerner les véritables ayants droit à la propriété du sol d'après les principes applicables en territoire collectif; 2° recevoir ou recueillir tous documents et renseignements utiles sur la promesse de vente invoquée par le requérant.

Envisagée sous le premier aspect, l'enquête se fera dans les conditions ordinaires, d'après les règles tracées par l'instruction de 1898.

Pour élucider le fait de l'acquisition motivant la demande d'enquête, le commissaire enquêteur devra réclamer au requérant la communication du contrat ou des contrats intervenus entre lui et les indigènes possesseurs. Il examinera ces actes et émettra un avis motivé tant sur leur validité intrinsèque que sur le caractère des conventions qui s'y trouveront constatées et sur les conditions dans lesquelles elles auront été conclues. Il devra, à ce dernier point de vue, consigner dans le procès-verbal tous les témoignages et renseignements propres à éclairer l'Administration.

Les actes produits seront retenus pour être joints au dossier de l'enquête.

Si le requérant refusait ou déclarait être dans l'impossibilité de représenter aucun acte, le commissaire-enquêteur ne devrait pas prendre sur lui d'arrêter l'enquête ; mais il aurait à en rendre compte immédiatement au Préfet ou au Général commandant la division en relatant toutes les circonstances de nature à faire le jour sur cet incident. Le Préfet ou le Général de division en référerait ensuite lui-même au Gouvernement général. Il serait procédé de même si les actes produits paraissaient au commissaire-enquêteur irréguliers ou insuffisants. Ces dispositions pourront, plus tard, être modifiées ; mais, pour le moment, j'estime qu'il convient d'éviter en cette matière toute prescription trop étroite, l'expérience seule pouvant fournir les éléments d'une réglementation plus précise.

Il est à peine besoin d'ajouter que le commissaire-enquêteur devra consigner dans le procès-verbal non seulement les réclamations tendant à la revendication de tout ou partie des immeubles, mais aussi celles affectant la vente ou promesse de vente invoquée par le requérant. Ces dernières réclamations seront surtout importantes à retenir et à examiner lorsque le commissaire-enquêteur aura relevé des défectuosités quelconques dans les actes d'acquisitions représentés.

II

L'avis émis par le Conseil d'État, quant à la faculté de requérir des enquêtes collectives, vise spécialement le cas d'acquéreurs se réunissant pour faire sanctionner leurs acquisitions par une procédure unique ; il ne prévoit pas l'ouverture de semblables enquêtes à la requête de propriétaires. L'exclusion de ces derniers pourrait même paraître implicitement indiquée par ce fait que le Conseil d'État cite, à l'appui de son interprétation, l'article 1er de la loi du 16 février 1897, où il n'est parlé que d'acquisitions.

Mais, à bien examiner la question, cette distinction ne paraît guère admissible. Si les mots acquéreurs et propriétaires sont opposés l'un à l'autre dans l'article 4 de la loi du 16 février 1897, c'est, comme l'explique l'instruction du 7 mars 1898, parce que le législateur a voulu marquer ainsi son intention d'étendre aux indigènes la faculté — qui était précédemment réservée aux seuls acquéreurs européens — d'obtenir la délivrance d'un titre français à la suite d'une enquête partielle : ce serait donc aller contre l'esprit de cette disposition que de vouloir établir une différence de traitement entre les deux catégories de requérants qu'elle vise. Quant à l'argument tiré de l'article 1er de la loi, il n'a pas grande valeur, étant donné que cet article n'est invoqué par le Conseil d'État qu'à titre accessoire et même d'une façon quelque peu dubitative.

En conséquence, il paraît y avoir lieu de reconnaître que

propriétaires et acquéreurs peuvent également être autorisés, le cas échéant, à requérir des enquêtes de ce genre. Et par propriétaires il faut entendre aussi, selon le sens de l'article 4 de la loi, les indigènes possesseurs en territoire collectif.

Mais il importe de remarquer que, d'après l'avis du Conseil d'État, l'Administration n'est tenue de satisfaire aux requêtes collectives que dans la mesure des possibilités matérielles. Cette restriction — qui allait d'ailleurs de soi — s'applique, à la fois, aux empêchements qui proviendraient d'une extrême dissémination des parcelles devant être comprises dans l'enquête et à ceux qui seraient dus au trop grand nombre de requérants ou groupes de requérants ayant des intérêts distincts. Ce dernier point est surtout à envisager, car il est évident qu'au delà de certaines limites l'enquête présenterait de telles complications, par l'enchevêtrement des éléments se rapportant respectivement aux divers groupes, qu'elle serait condamnée fatalement à ne pas aboutir.

Il y a, en outre, à tenir compte d'une autre considération. En demandant qu'il fût permis dans certains cas aux parties de requérir des enquêtes collectives, les délégations financières ont eu uniquement en vue d'éviter aux propriétaires ou acquéreurs de terrains de très petite superficie l'obligation de payer des frais d'enquête hors de proportion avec la valeur de leurs immeubles, par l'application du minimum de 250 fr. fixé par le décret du 15 novembre 1897, et c'est effectivement, au fond, le seul avantage de cette mesure : il n'y aura donc pas de raison de faire usage de ce genre de procédures — qui, il y a lieu de le craindre, seront toujours plus ou moins compliquées et difficiles — quand, d'après la contenance des immeubles, il n'en devra pas résulter une économie pour les requérants. D'un autre côté, si désireuse que soit l'Administration de rendre la procédure d'enquête partielle très accessible aux petits propriétaires, elle ne peut admettre cependant que ce système d'enquêtes collectives ait pour conséquence de laisser à la charge du budget la plus grosse part des dépenses occasionnées par les enquêtes, alors que les parties n'auraient à payer que des sommes insignifiantes au taux de 5,15 par hectare : ce sera là encore une question à examiner préalablement à l'ouverture des enquêtes.

Les observations qui précèdent démontrent qu'il n'est pas

possible de déterminer à l'avance les conditions de recevabilité des requêtes collectives. Chaque cas devra être envisagé séparément. Les parties qui désireront obtenir l'ouverture d'une enquête dans ces conditions devront donc joindre à leur demande en délivrance de titre tous renseignements utiles pour permettre à l'Administration d'en apprécier la recevabilité aux divers points de vue indiqués ci-dessus. Il appartiendra au Préfet ou au Général de statuer lui même à ce sujet, après avis de l'Inspecteur de la Topographie, et la décision devra être prise assez à temps pour que l'arrêté ordonnant, s'il y a lieu, l'ouverture de l'enquête puisse être rendu et publié dans les délais fixés par la loi. Il est bien entendu que la demande en délivrance de titre devra présenter distinctement, pour chaque requérant ou groupe de requérants propriétaires ou acquéreurs d'immeubles différents, les indications réglementaires. Ces indications seront reproduites telles quelles, dans l'arrêté qui ordonnera l'ouverture de l'enquête.

La même distinction devra être observée dans les opérations du commissaire-enquêteur. En d'autres termes chacune des des parties de la requête, divisée comme il a été dit plus haut, fera l'objet d'une enquête spéciale, accomplie dans les conditions ordinaires, et la seule particularité de la procédure sera que ces diverses enquêtes seront exécutées simultanément et réunies dans un même procès-verbal. Il appartiendra d'ailleurs, au commissaire-enquêteur de prendre, dans l'établissement de ce document les précautions nécessaires pour éviter toute confusion ; cette recommandation vise principalement l'exposé de la discussion des réclamations.

Fait à Alger, le 17 Mai 1902.

Gouverneur général,

RÉVOIL.

ANNEXE N° 1

AVIS

Sur l'interprétation de diverses dispositions de la loi du 16 février 1897, relative à la propriété foncière en Algérie.

Adopté par le Conseil d'État

Le Conseil d'État, consulté par le Ministre de l'Intérieur sur les questions suivantes :

1° *Dans les territoires d'Algérie soumis au régime de la propriété collective, les acquéreurs ont-ils le droit de provoquer les enquêtes partielles organisées par la loi du 16 février 1897 en vue d'obtenir la délivrance d'un titre de propriété ?*

2° *Peut-on autoriser la réunion, dans une même procédure d'enquête partielle, de terrains achetés par plusieurs acquéreurs à des propriétaires différents ?*

Vu la dépêche du Ministre de l'Intérieur du 12 février 1902, ensemble la note présentée par le Gouvernement général de l'Algérie ;

Vu les délibérations des délégations financières des 15, 16, 20 novembre 1899, 18, 19, 21 et 22 juin 1901 ;

Vu la loi du 16 février 1897 ;

Vu la loi du 16 juin 1851 ;

Vu le sénatus-consulte du 22 avril 1863 ;

Vu les lois des 26 juillet 1873 et 28 avril 1887 ;

Sur la première question :

Considérant que la loi du 16 février 1897 a eu pour but, d'une part, l'abandon du système des procédures d'ensemble ; d'autre part, la généralisation et l'unification des deux modes d'enquêtes partielles établies par les lois précédentes en vue de la constitution régulière, en Algérie, de la propriété individuelle soumise à la loi française ;

Considérant que rien dans les travaux préparatoires ne permet de supposer qu'en ce qui concerne ces enquêtes partielles, maintenues et simplifiées par la loi nouvelle, le législateur ait

entendu diminuer les facilités ni restreindre les droits conférérés, aux acquéreurs de biens indigènes par la législation
antérieure ;

Que, sur ce point, les déclarations des rapporteurs à la
Chambre et au Sénat et celles des orateurs qui ont pris part
à la discussion sont absolument concordantes ;

Considérant que le texte de la loi est conforme à son esprit ;
qu'en effet l'article 4 dispose que, « dans tout territoire com-
« pris dans le périmètre d'application de la loi, les propriétai-
« res comme les acquéreurs, sans distinction de nationalité
« ni d'origine, pourront toujours prendre l'initiative des pro-
« cédures organisées par la présente loi, afin d'obtenir la
« délivrance des titres de propriété ci-dessus indiqués » ;

Considérant qu'en présence de dispositions aussi claires il
faudrait une exception nettement prévue par la loi elle-
même pour priver les acquéreurs de terrains situés en un
point quelconque du Tell algérien des droits que leur recon-
nait l'article ci-dessus ;

Considérant, à la vérité, qu'en vertu de l'article 13, lorsqu'une demande d'enquête partielle a lieu dans les territoires
délimités par application du sénatus-consulte du 22 avril 1863,
le plan parcellaire dressé afin de régulariser d'après la jouissance effective, la situation de l'occupant de la terre, est
homologué par arrêté pris par le Gouverneur général en
Conseil de gouvernement ;

Considérant que le Gouverneur général de l'Algérie, dans
l'instruction du 7 mars 1898, soutient que, par application
de l'article précédent, le régime de l'inaliénabilité des terres
doit être considéré comme maintenu dans les territoires de
propriété collective ; qu'il s'ensuit qu'aucune terre ne peut
être vendue avant les enquêtes partielles ayant pour but la
constitution régulière de la propriété individuelle ; que dès
lors il ne peut y avoir, dans ces territoires, d'acquéreurs
ayant qualité pour prendre l'initiative des dites enquêtes ;

Considérant, d'une part, que, si cette interprétation était
exacte, les indigènes eux-mêmes, simples occupants du sol,
ne pourraient provoquer les procédures d'enquête, puisqu'ils
ne sont pas propriétaires à titre individuel avant les opérations
qui sont le préliminaire obligatoire de la constitution de la
propriété privée ; qu'ainsi, dans ces territoires, on ne pourrait

trouver ni acquéreurs ni propriétaires, au sens de l'article 4 ; que, dès lors, l'application de la loi, en ce qui les concerne, serait impossible ;

Considérant d'autre part que, si les dispositions de l'article 13 étaient inconciliables avec celles de l'article 4, l'unique solution consisterait à recourir au législateur pour qu'il procédât à une refonte des textes ci-dessus spécifiés ;

Mais considérant qu'il n'est nullement établi que l'adoption de l'article 13 ait rendu inapplicables les prescriptions de l'article 4 dans les territoires soumis au régime de la propriété collective ; qu'en effet, le but de l'article 13 a été de réserver les droits de contrôle de l'autorité supérieure pour protéger les intérêts collectifs là où le régime de la propriété individuelle n'est pas encore constitué et non de supprimer les droits reconnus antérieurement soit au possesseur du sol, soit à ceux avec lesquels ces derniers voudraient traiter ;

Qu'il a suffi au législateur, pour concilier le respect de ces droits avec le maintien des prérogatives nécessaires du Gouvernement, d'ajouter aux formalités requises, en général, pour arriver à la constitution de la propriété individuelle en Algérie, une formalité spéciale qui n'est exigée que dans les territoires de propriété collective ;

Que, dans lesdits territoires, la délivrance aux acquéreurs du titre de propriété définitif ne pourra être effectuée par le directeur des Domaines qu'après la publication, dans les termes de l'article 13, de l'arrêté du Gouverneur général, homologuant le plan parcellaire et que, jusqu'à cette publication, les contestations relatives à la constitution individuelle seront de la compétence de l'autorité administrative et non du ressort de l'autorité judiciaire ;

Qu'il suit de là que rien ne s'oppose à ce que les personnes qui ont traité avec des indigènes pour l'achat d'immeubles situés dans les territoires de propriété collective prennent l'initiative des procédures d'enquêtes partielles organisées par la loi du 16 février 1897, mais que les effets utiles de leur acquisition et la consolidation de la propriété entre leurs mains, au moyen d'un titre définitif, sont subordonnés à la sanction de l'autorité administrative, dans les conditions spécifiées à l'article 13 de ladite loi ;

Sur la seconde question :

Considérant qu'il y a lieu d'interpréter la loi dans le sens des intérêts communs des acquéreurs et des vendeurs, en facilitant les transactions qui assurent la pénétration des Européens dans les territoires indigènes et en diminuant, autant que possible, les complications et les frais de procédure ;

Considérant que rien, dans la loi, ne paraît s'opposer à ce que, lorsqu'il s'agit d'enquêtes portant sur la vente de plusieurs immeubles consentie à divers acquéreurs par des indigènes appartenant à une même tribu il soit procédé, sauf en cas d'impossibilité matérielle, à la même date et par un même agent, aux opérations prescrites par les articles 5 et suivants ;

Que l'article 1er de la loi, en parlant de l'acquisition de plusieurs parcelles soit par l'État, soit par les particuliers, semble avoir prévu ou, tout au moins, n'a pas exclu l'hypothèse d'acquisitions multiples soumises à une seule procédure d'enquête.

Est d'avis :

De répondre affirmativement aux deux questions posées par le Ministre de l'Intérieur.

· Cet avis a été délibéré et adopté par le Conseil d'État, dans sa séance du 13 mars 1902.

Le Conseiller d'État, Rapporteur,
Signé : H. De VILLENEUVE.

Le Vice-Président du Conseil d'État,
Signé : G. COULON.

Le Maitre des Requètes,
Secrétaire général du Conseil d'État,
Signé : Marcel TRÉLAT.

ANNEXE N° 2

PARQUET GÉNÉRAL D'ALGER

Alger, le 9 Mai 1902.

Monsieur le Procureur de la République,

Je vous ai prescrit, par ma circulaire du 10 avril dernier, de rappeler aux Notaires et Greffiers-Notaires de votre arrondissement qu'ils doivent s'abstenir de rédiger des contrats emportant aliénation de la propriété ou de la jouissance des terres de culture collective. Je dois, pour compléter ces instructions, m'expliquer sur la question de savoir si ces officiers ministériels ont le droit de rédiger des promesses de vente applicables à ces terrains.

L'article 7 de la loi du 28 avril 1887 déclare valables les promesses de vente de ces terres rédigées au profit d'Européens à la charge par l'un des contractants de demander à l'Administration, dans un délai de trois mois, la délivrance d'un titre de propriété. La loi du 16 février 1897 n'ayant pas reproduit cette disposition, on avait pensé qu'elle l'avait implicitement abrogée ; et il avait été recommandé aux Notaires et Greffiers-Notaires de ne plus constater des conventions de cette nature (Voir notamment la dépêche de M. le Gouverneur général du 26 avril 1898 et la circulaire de mon Parquet du 23 mai de la même année : Code de l'Algérie, Estoublon et Lefébure, Supplément de 1898, pages 55 et 56).

Mais, à la date du 13 mars 1902, le Conseil d'État consulté par M. le Ministre de l'Intérieur sur le sens et la portée de divers articles de la loi du 16 février 1897, a émis l'avis que « rien dans les travaux préparatoires ne permet de supposer « que le législateur qui abandonnait le système des procédures « d'ensemble, pour généraliser et unifier les deux modes « d'enquêtes partielles établis par les lois précédentes, pour « constituer la propriété individuelle, ait entendu restreindre

« les droits conférés aux acquéreurs de biens indigènes par la
« législation antérieure » ; que l'article 4 de la loi du 16 février
1897 disposant que « dans tout territoire compris dans le
« périmètre d'application de la loi, les propriétaires comme les
« acquéreurs, sans distinction de nationalité ni d'origine, pour-
« ront toujours prendre l'initiative des procédures organisées
« par la loi, afin d'obtenir la délivrance des titres de propriété »,
on ne peut, à défaut d'exception nettement précisée par la loi
elle-même, « priver les acquéreurs de terrains situés en un
« point quelconque du Tell Algérien des droits que leur recon-
« naît cet article » ; qu'à la vérité, lorsqu'une demande d'enquête
partielle est faite dans les territoires délimités par application
du Sénatus-Consulte du 22 avril 1863, le plan parcellaire
dressé afin de régulariser, d'après la jouissance effective, la
situation de l'occupant de la terre, doit, en vertu de l'article 13
de la loi de 1897, être homologué par arrêté du Gouverneur
général en Conseil de Gouvernement ; mais qu'il ne faut pas
en induire qu'il ne peut y avoir, dans ces territoires, d'acquéreurs ayant qualité pour prendre l'initiative des enquêtes ; que,
par cet article 13, le législateur a simplement voulu réserver
les droits de contrôle de l'Autorité supérieure à laquelle il
appartient de protéger les intérêts collectifs là où le régime
de la propriété individuelle n'est pas encore constitué : et qu'il
a suffi, pour concilier le respect des droits reconnus antérieurement aux possesseurs du sol et à leurs cessionnaires avec les
les prérogatives du Gouvernement, de préciser que, dans ces
territoires, le titre de propriété définitif ne pourra être délivré
par le Directeur des Domaines qu'après la publication de
l'arrêté du Gouverneur général homologuant le plan parcellaire et d'ajouter que, jusqu'à cette publication, les contestations
relatives a ces terres seront jugées par l'Autorité administrative et non par les tribunaux judiciaires ; qu'il « suit de là
« que rien ne s'oppose à ce que les personnes qui ont traité
« avec des indigènes, pour l'achat d'immeubles situés dans les
« territoires de propriété collective, prennent l'initiative des
« procédures d'enquêtes partielles organisées par la loi du 16
« février 1897, mais que les effets utiles de leur acquisition et
« la consolidation de la propriété entre leurs mains, au moyen
« d'un titre définitif, sont subordonnés à la sanctio: de l'Au-
« torité administrative. »

En cet état, on ne peut plus contester aux Notaires et aux Greffiers-Notaires le droit de rédiger des promesses de vente de terrains « arch ou sabega ». Mais il convient de leur faire remarquer que l'avis du Conseil d'État spécifie nettement que ces conventions ne doivent produire effet qu'après la délivrance du titre administratif qui suit l'enquête partielle et son homologation par M. le Gouverneur général. Ces Officiers Ministériels ont le devoir de faire connaître cette situation aux parties qui leur demanderaient de constater la vente de terres arch ; et ils devraient refuser leur ministère, si les contractants persistaient à leur demander de rédiger des actes contraires à cette règle. Ils s'exposeraient, en effet, à des poursuites disciplinaires, si leurs actes autorisaient les acquéreurs à prendre prématurément possession de ces terrains.

Je vous prie de communiquer ces instructions complémentaires aux Notaires et Greffiers-Notaires de votre arrondissement et de les inviter à s'y conformer.

Vous voudrez bien m'accuser réception de cette circulaire et me rendre compte des mesures que vous aurez prises pour en assurer l'exécution.

Recevez, Monsieur le Procureur de la République, l'assurance de ma considération très-distinguée.

Le Procureur Général

Albert HAFFNER

Alger. — Imprimerie administrative Gojosso.

www.ingramcontent.com/pod-product-compliance
Lightning Source LLC
LaVergne TN
LVHW010138060726
842524LV00005B/2009